AF265640

LA CONFESSION

DE

NAPOLÉON III

CONFIRMÉE PAR LE R. P. MARCHAL

Aumônier de la Garde impériale

CHERBOURG

TYPOGRAPHIE ET LITHOGRAPHIE

1871

LA

CONFESSION

DE NAPOLÉON III

CONFIRMÉE PAR LE R. P. MARCHAL,

Aumônier de la Garde Impériale.

CHERBOURG
Typ. de Beaufort.

1871

Pas de Préface, pas de Préambule ; je ne fais que m'en rapporter au jugement et à la conscience du Public.

B. L.-F. MESTREL,

Employé à la Marine.

CONFESSION

DE

NAPOLÉON III

CONFIRMÉE PAR LE R. P. MARCHAL,

AUMONIER DE LA GARDE IMPÉRIALE.

ACCUSATION ET AVEUX.

Les réclamations et les plaintes amères qui se sont produites de toutes parts et sous toutes les formes contre l'injustice, le despotisme et les abus faits ou autorisés par le Gouvernement de Napoléon III, ont inondé la France.

Des masses d'ouvriers, de marins, de soldats et d'employés ont, tour à tour, pris la plume et élevé la voix contre les mauvais traitements de ce monstrueux Gouvernement et de ses plats Valets... mais le piètre Empereur qui était à leur tête fermait les yeux et faisait la sourde oreille....

Les Journalistes et les Ecrivains loyaux et clairvoyants de tous les partis ont démontré qu'il était impossible à la France de vivre tranquille et d'être heureuse durant tout le temps que son Gouvernement continuerait à opprimer de la manière qu'il le faisait ceux qui avaient la volonté, le talent et le devoir de la servir fidèlement; mais le piètre Empereur qui était à leur tête fermait les yeux et faisait la sourde oreille....

La France entière s'est récriée à profusion contre les sommes fabuleuses accordées à de lâches Maréchaux et à un Sénat aussi inutile qu'absurde, mais le piètre Empereur qui était à sa tête fermait les yeux et faisait la sourde oreille....

La Nation presque entière s'est constamment récriée contre l'augmentation de la Dette publique, la dilapidation des budjets et les fonds accordés par un Sénat rapace à une Famille encore plus rapace...., mais le piètre Empereur qui était à sa tête fermait les yeux et faisait la sourde oreille....

Les honnêtes gens de tous les partis ont constamment réclamé contre les Ministres, les Préfets, les Sous-Préfets et les Maires qui faussaient à chaque Vote qui se faisait en France le Suffrage universel, mais le piètre Empereur qui était à leur tête fermait les yeux et faisait la sourde oreille....

Les démocrates et tous ceux qui avaient à cœur de voir régner la justice et d'empêcher les calamités de fondre sur la France se sont sans cesse évertués à démontrer qu'il y avait pour ce Gouvernement lui-même une pressante urgence de revenir à des sentiments plus dignes et plus honnêtes, mais le piètre Empereur qui était à leur tête fermait les yeux et faisait la sourde oreille....

Des masses d'ouvriers, de marins, de soldats, et d'employés inférieurs (pas d'officiers) pour ne rien dire ici des commerçants et de maints autres non moins outragés dans leurs droits et leurs libertés, ont, sous l'abominable Gouvernement en question, ont dis-je, étant des plus honnêtes, des plus dignes et des plus valides, et sans avoir commis la moindre faute, été renvoyés définitivement et sans pension aucune de leurs positions... et cela, lorsqu'ils avaient de 20 à 24 ans de service !!! J'ai fait moi-même, non pour moi, mais pour d'autres, je ne sais combien de réclamations contre ces sortes d'iniquités, mais le piètre Empereur qu'une poignée d'aristocrates et d'hommes trompés avaient mis en tête de la France, fermait les yeux et faisait la sourde oreille... Les cris, les larmes, les prières, les lamentations des veuves, des orphelins et des vieillards sans asile et sans pain n'étaient rien pour lui... Un faux semblant, des promesses, des menaces, des mensonges, de l'orgueil à satiété et voilà tout.

« L'Empire c'est la paix ! » avait dit à tout le monde ce lâche Porte-Couronne... que dis-je ! il ne la porte plus : elle est tombée... non dans la boue comme cela était désirable, mais dans le sang des Français !!!!

Et dire que quelques-uns de ceux qui ont eu le tort de le croire et de mettre leur confiance en lui, semblent encore douter de son mépris pour eux... et de leur aveuglement....

Mais, que faudrait-il donc de plus que tous les maux qu'il leur a fait endurer pour leur faire comprendre que ces maux sont son propre ouvrage ? ... Combien d'exemples faudrait-il encore leur mettre sous les yeux pour leur faire comprendre que les serments de ce Judas moderne ont presque toujours été aussitôt violés que jurés !!! Faudrait-il qu'il viendrait lui-même faire sa confession devant eux et leur dire ceci, par exemple :

« Je vous ai trompés, car quelques jours avant le Vote du 10 Décembre 1848, j'ai écrit, signé et publié ces mots, bien que je pensais le contraire :

» Je ne suis pas un ambitieux qui rêve l'Empire et la guerre... Elevé dans les Pays libres, à l'école du malheur, je resterai toujours fidèle aux devoirs que m'imposeront vos suffrages et les volontés de l'Assemblée. Si j'étais nommé Président, je me dévouerais tout entier sans arrière-pensée, à l'affermissement de la République. Je mettrais mon honneur à laisser au bout de quatre ans, à mon Successeur, le pouvoir affermi, la liberté intacte...

» Quant aux réformes possibles, voici celles qui me paraissent les plus urgentes : admettre toutes les économies... etc.

» Je vous ai trompés, car après avoir été proclamé Président de la République, j'ai prêté serment devant Dieu et l'Assemblée Nationale, et j'ai prononcé ces paroles que j'ai toutes faussées :

» Le suffrage de la Nation et le serment que je viens de prêter, commandent ma conduite future. Mon devoir est tracé : je le remplirai en homme d'honneur.

» Je verrai des ennemis de la Patrie dans tous ceux qui tenteraient de changer, par des voies illégales, ce que la France entière a établi...

» Nous avons, Citoyens représentants, une grande mission à remplir : c'est de fonder une République dans l'intérêt de tous...

» Je vous ai trompés, car le 9 Novembre 1851, j'ai, contre ma pensée, adressé à un groupe d'officiers les paroles que voici, et dont je n'ai tenu aucun compte :

» Si la gravité des circonstances m'obligeait de faire appel à votre dévouement, il ne me faillirait pas, j'en suis sûr, parce que, vous le savez, je ne vous demanderai rien qui ne soit d'accord avec mon droit reconnu par la Constitution...

» Je vous ai indignement trompés, car après avoir proclamé les promesses et les principes que je viens de rappeler, j'ai fait le coup d'état que vous connaissez ; j'ai violé la Constitution ; j'ai supprimé l'Assemblée

Nationale que vous aviez vous-mêmes nommée ; j'ai ordonné les emprisonnements, les fusillades et les transportations des hommes de cœur qui ont osé écrire ou simplement élever la voix contre mes infamies...

» Je vous ai trompés et trahis, car après avoir fait je ne sais combien encore de protestations de fidélité à la République, je les ai faussées en escamotant une Couronne...

» Je vous ai trompés et trahis, car après avoir escamoté cette Couronne, j'en ai usé et abusé cruellement...

» Je vous ai trompés et trahis, car après vous avoir promis à tous une égale protection, j'ai exercé et fait exercer, contre une innombrable quantité d'hommes irréprochables, d'odieuses persécutions...

» Je vous ai trompés et trahis, car après vous avoir promis la protection des lois, j'ai, contre les lois elles-mêmes, fait condamner par des Juges, qui n'ont pas daigné les entendre, une multitude d'honnêtes gens...

» Je vous ai trompés et trahis, car après vous avoir promis la justice, j'ai voué à la ruine et à la mort les meilleurs et les plus honnêtes Citoyens...

» Je vous ai trompés et trahis, car après vous avoir promis l'ordre et le bien-être, j'ai, par mon propre désordre, réduit un nombre considérable de familles à la misère et au désespoir...

» Je vous ai trompés et trahis, car après vous avoir promis toutes les libertés et toutes les économies possibles, j'ai autorisé les lois et décrets de sûreté générale ; j'ai ordonné le recrutement et le maintien d'une Police secrète, ruineuse et inutile... J'ai gaspillé et fait gaspiller les fonds de l'Etat ; j'ai organisé les sinécures, les monopoles, la centralisation à outrance neutralisant l'initiative individuelle, les lois restrictives sur la Presse, sur les réunions et les associations.

» Je vous ai trompés et trahis, car après vous avoir promis toutes les libertés que je viens de dire, le commerce a été entravé au point que, sans l'autorisation préalable d'un Préfet ou d'un Sous-Préfet, nul citoyen ne pouvait, sans être passible d'une grosse amende, vendre, dans une foire, dans une assemblée ou même chez lui un verre de vin... ou de n'importe quelle autre boisson.

» Je vous ai trompés et trahis, car après vous avoir promis la sincérité du Suffrage Universel, j'ai donné des ordres à mes Ministres qui en ont donné à leur tour aux Préfets, aux Sous-Préfets et aux Maires que je nommais ou faisais nommer, pour le fausser en tant que cela leur serait possible : au moyen de candidatures officielles...

» Je vous ai trompés et trahis, car au lieu de vous éclairer et faire éclairer tel que ma conscience et mon devoir me l'ordonnaient, j'ai exploité votre ignorance...

» Je vous ai trompés et trahis, car après vous avoir promis la paix et l'économie, je vous ai affligés de je ne sais combien de guerres ruineuses et mal conçues...

» Je n'entreprendrai pas de vous démontrer combien les énormes sacrifices d'hommes et d'argent que j'ai imposés à la France pour le soutien du Pouvoir temporel du Pape ont été inutiles, le Roi Victor-Emmanuel vient de vous l'apprendre...

» Il ne me siérait pas davantage de vous expliquer les raisons qui m'ont porté à faire la guerre du Mexique, l'Illustre Jules Favre vous a, sur ce point, on ne peut plus et mieux édifiés...

» Et, quant à celle qui vient, en vous abaissant, et vous ruinant, de me dégrader, l'Histoire ne vous en ins-

truira que trop : pour la honte éternelle de mon nom....
et de ma dynastie...

» Elle vous dira, l'histoire, que j'ai eu l'inconcevable
ambition d'entreprendre une guerre que j'aurais pu et
dû éviter, ou, au pis aller, la faire tourner en l'honneur
et en l'avantage de la France.... Rien n'était plus facile :
il ne s'agissait pour cela que de soumettre la question
du principe pour lequel je l'ai déclarée à l'Autriche, à
la Suisse, à l'Italie, à l'Angleterre, etc., etc., qui, toutes,
avaient un intérêt manifeste à s'opposer au règne du
prince de Hohenzollern, sur le Trône d'Espagne.

» Je vous ai moralement et physiquement trompés,
car je ne vous ai ni moralisés, ni mis en état de vous
défendre contre les hordes barbares qui, visiblement,
étaient prêtes à fondre sur vous.

» Je suis un traître et un lâche enfin, car après
avoir commis tous les crimes que je viens de nommer,
je me suis caché derrière les murs de Sédan... et là,
j'ai livré votre armée !!!

» Je vous ai trompés et trahis, car après avoir juré
sur l'honneur en présence de Dieu et du monde de
rester fidèle à mes serments, je les ai tous violés !!!

» Je vous ai trompés et trahis, car après avoir par
monts et par vaux prôné la morale et la liberté, je les ai
mises toutes les deux sous les semelles de mes bottes,
que dis-je ! j'ai profané les lois divines et humaines !!!!

» Je vous ai trompés et trahis, car au lieu d'affermir
en vous la foi morale et la foi patriotique, je vous ai
démoralisés, et il en est résulté pour vous des maux
dont on n'en vit presque nulle part de pareils....

» Je vous ai trompés et trahis, trop confiants Français,
et il en est résulté pour vous des maux tellement grands
et tellement multipliés, que les Écrivains du monde entier
ne suffiraient pas pour les enregistrer...

» Je vous ai trompés et trahis, braves Français, mais je vous ai trompés et trahis durant tant d'années et en tant d'endroits, que ma mémoire, quoique des plus fécondes, est impuissante à se les rappeler. Ce dont je me souviens encore, par exemple, c'est que la Main de Fer du Gouvernement dont j'étais le Chef, ne s'est pas appesantie d'abord sur toutes les classes de la Société, je ne distingue pas, et pour cause... mais aujourd'hui ! quel est l'heureux Français qui pourrait se flatter de ne pas en avoir ressenti les étreintes ?..... Grand Dieu ! Juste Ciel ! Ah ! qui pourrait exprimer ce qui m'en reste sur le cœur.......

» Je me souviens encore, trop royalistes Français, que mon ambition fut telle que mes Séides devaient avoir pour agréable de combattre à outrance vos illustres défenseurs, de les détourner de la ligne droite et salutaire qu'ils voulaient suivre (et dans laquelle j'aurais dû moi-même marcher), de subjuguer les ignorants, d'embrouiller l'histoire et de glorifier mes forfaits !!! Mes parjures, la guerre du Mexique, celle qui vous humilie aujourd'hui et que vous déplorez si amèrement, devaient, grâce à *une activité dévorante*, ÊTRE LES PLUS BEAUX FLEURONS DE MA COURONNE !!!! »

—Oh ! Ambition.... Oh ! Activité dévorante.... Oh ! Rouher.... Oh ! Ollivier.... Oh ! le Bœuf.... Oh ! Bazaine.... Et vous ! Sénateurs et Députés de la droite.... Et vous tous enfin Séides des Séides, pourquoi ne m'avez-vous pas arrêté quand je voulais perdre la France ???

— De l'or... de l'or... de l'or... —

» Misérables ! Je ne vous en avais que trop donné de l'or..., mais malheureusement j'avais excité votre soif et il vous en fallait davantage... C'est beau de l'or... Mais la France ruinée et meurtrie.... Mais les légions de braves qui, mieux dirigés, eussent fait des prodiges de valeur.... Mais les enfants, sur le sein maternel, écrasés et sanglants.... Mais les femmes mutilées et brûlées sous leurs toits.... et dont les dernières paroles furent : Lâche Empereur. .. Et ma Couronne....Et ma Dynastie enfin, que va-t-elle devenir !!!! »

La confession que l'on vient de lire n'a pas besoin de commentaires ; à quelques aveugles près, chacun sait que ce qu'elle renferme est l'exacte vérité. Quant aux aveugles en question, il est impossible de les faire se départir des erreurs qu'ils ont dans la tête, et il n'y a, je le répète, aucunement lieu de les détromper ; le parti ou l'homme qu'ils ont à cœur de soutenir peut les ruiner, enlever leurs enfants et les faire périr, ils ne cesseront pas pour cela de lui donner raison... Ils sont fanatiques, que dis-je ! ils sont moralement aveugles, et la plus éclatante des lumières ne serait probablement rien pour eux.

Il serait superflu d'en dire autant des hommes qui sont payés pour dire noir quand ils voient blanc et blanc quand ils voient noir... ou qui, suivant les circonstances, confondent la vérité et le mensonge, mais le parti à prendre contre les uns et les autres doit être le même; je dis le parti car je n'en connais qu'un seul qui soit raisonnable : il consiste à les écraser publiquement de preuves. C'est ce que je vais continuer à faire, et cela, non plus en faisant parler l'auteur de nos navrants désastres, mais en reproduisant les témoignages d'hommes respectables qui ont vu et entendu.

Celui qui va suivre est contenu dans la patriotique conclusion d'un ouvrage intitulé : LE DRAME DE METZ, par le Révérend Père Marchal, Aumônier de la Garde Impériale. En voici la teneur :

« L'Histoire dira qu'un César sexagénaire, à la tête de 120,000 hommes qu'il avait amollis, a osé déclarer la guerre à 1,200,000 hommes parfaitement armés et pleins d'ardeur. L'Histoire dira que l'inepte Frossard a reçu le commandement d'un corps d'armée pour avoir donné à un pauvre Enfant maladif des leçons de vélocipède, et que toutes les forces organisées de la France ont été remises entre les mains de l'aventurier dont la jalousie avait préparé le drame de Queretaro. L'Histoire dira qu'un bandit couronné, au lieu d'armer son peuple contre l'étranger, n'a songé qu'à s'armer contre lui, et qu'après avoir sauvé pour sa part deux cents millions d'économies, il n'a laissé à la France aux abois, avec les débris d'une Couronne profanée, que vingt milliards de dettes et le fléau de l'invasion !

» Et maintenant, peuples, instruisez-vous. Sachez bien que l'avenir du monde est engagé dans le formidable duel que vous avez sous les yeux. C'est la lutte du passé contre l'avenir, de la force contre le droit, de l'autocratie contre la liberté. Et vous, habitants de nos campagnes, efforcez-vous de comprendre, si on vous enlève vos chevaux, vos bestiaux et vos voitures, après avoir pris vos fils pour les conduire à la boucherie, c'est grâce à l'Empire, à cet Empire que vous avez tant acclamé après avoir fermé l'oreille à la voix de ceux qui voulaient vous instruire.

» Cet homme à qui vous devez tous vos malheurs, vous croyez peut-être qu'il souffre de vos souffrances, en pensant aux ruines qu'il a faites, aux mères et aux fiancées qu'il a mises en pleurs, aux ruisseaux de sang qu'il a fait couler, parce qu'il l'avait ainsi voulu ? Non, vous vous tromperiez. Cet homme habite un Château splendide : on lui sert vingt-un plats à sa table, on se plaît à réunir tous ses Maréchaux, tous ses Généraux, pour conspirer avec eux, de concert avec nos ennemis, contre la France qu'ils ont vendue.

» Donc, ne votez plus jamais sans savoir ce que vous faites. Instruisez-vous, et sachez vous montrer citoyens pour avoir le droit d'être électeurs. Les impôts deviendront lourds, il faut s'y attendre. Des hypocrites viendront et vous diront : Vois comme la République est bonne mère ! au temps de l'Empereur tu ne payais que tant, et maintenant tu payes davantage ? Répondez leur avec mépris : — Retirez-vous Satan ; si nous payons si cher, c'est que nous acquittons la note des orgies de l'Empire.

» Encore vingt ans de ce régime, et la France s'effondrait au sein de toutes les conceptions qui, seules, ont rendu possible ce régime infâme. Qu'arrivera-t-il ? Je n'en sais rien. Mais mon âme se refuse à pleurer le désastre de Sédan. César triomphant à la tête de ses Maréchaux, c'était son despotisme affermi pour de longues années encore. César captif et lâche, c'est l'Empire devenu impossible, grâce aux dégoûts qu'il inspire, et la France reprenant possession d'elle-même. Bénissons donc nos défaites, qui nous ont valu la liberté, en organisant les victoires qui nous rendront l'honneur avec l'indépendance.

» P. S. — On se demandera peut-être pourquoi ce langage de la part d'un Aumônier de la Garde-Impériale ? Je réponds : nommé Aumônier de la Garde sans avoir sollicité cette faveur, je n'ai pas, en l'acceptant, cru m'imposer le droit de juger l'Empire. Aimant la France plus que tout au monde, j'ai cru pouvoir signaler à l'opinion, d'un cœur ému, quelques-unes des fautes qui l'ont plongée dans l'abîme. Ma conscience seule a inspiré ces lignes et je compte, pour m'engager à les publier, sur la conscience de mes concitoyens. Qu'importent les vanités froissées en face des maux qui nous accablent et des souvenirs qui nous navrent ? L'heure est solennelle, et j'écris ces lignes à deux pas des patrouilles Allemandes, dont j'aperçois les baïonnettes.

» Si, ce qu'à Dieu ne plaise, le retour de César me condamnait à l'exil, en voilant encore une fois la Statue de la liberté, je m'y résignerais sans mérite, persuadé que nulle joie n'est comparable à celle que l'on éprouve d'avoir fait son devoir. Mais, si terribles que soient nos épreuves, j'ai foi en l'avenir de la patrie, parce que sa cause est celle de l'humanité. Toutes les nations sont *guérissables* quand le Christ les a touchées, et la France, j'en ai la confiance, sortira de sa chaudière, comme autrefois l'Aigle de Palmos, *purior ac viridior.*

» Et comment ne point espérer quand on voit les prodiges qui s'opèrent et la fièvre qui nous brûle ? Ah ! ne pleurons nos forteresses, comme si tout était perdu. La force d'un peuple n'est pas dans ses remparts de pierres, mais dans les poitrines des citoyens libres qui consentent à mourir. Redoutons seulement la licence, qui seule peut compromettre encore nos libertés reconquises. N'ayons tous qu'un cœur et qu'une âme, en réservant toutes nos colères pour les envahisseurs, et, souvenez-vous que, si le courage fait les vainqueurs, la concorde fait les invincibles.

« R. P. Marchal. »

— « L'Histoire dira qu'un bandit couronné, au lieu d'armer son peuple contre l'étranger, n'a songé qu'à s'armer contre lui. »

C'est ainsi qu'a parlé le vénérable Prêtre qui nous a gratifiés des lignes que l'on vient de lire.

Ah ! qui ne reconnaîtra l'exacte et profonde vérité dans ce langage plein de verve, de grandeur et de sagesse ?

Le ton digne, le sens patriotique et vrai de ce bon Prêtre méritent tous nos hommages, et il en est de même de ses salutaires exhortations à profiter des exemples et des leçons du passé.

Des témoignages qu'il a si habilement et si sincèrement émis abondent de toutes parts, et il serait facile de les énumérer, mais à quoi bon ? Et en effet, à quoi bon, quand les faits sont patents pour tout le monde, et surtout quand des projets plus graves, plus hideux et plus sinistres encore que ceux qui les ont précédés le sont également ! et qui, sans le désastre de Sédan, n'auraient probablement pas tardé à éclore...

Il est manifestement prouvé que Napoléon III et ses ignobles Séides travaillent dans l'ombre... à la perdition de la France !!! et, ce ne peut-être sans y avoir réfléchi, que le Révérend Père Marchal a dit en s'écriant :

— » Encore vingt ans de ce régime, et la France s'effondrait au sein de toutes les conceptions qui, seules, ont rendu possible ce régime infâme. » —

Où est le doute ?.. Pardon, vénérable et illustre Prêtre, la circulaire qui va suivre est le système incontestable du mal affreux que vous signalez.... que dis-je ! elle est plus que la confirmation de tout ce que vous avez écrit sur ce triste et douloureux sujet : elle y met le comble.

Qui aurait cru qu'au dix-neuvième Siècle il se serait passé dans un gouvernement Français des choses aussi déloyales... et surtout aussi horribles ?...

Mais arrivons au fait, faisons voir au plus vite cette circulaire, et empressons-nous de la juger. La voici, elle est signée de Persigny, et elle est ainsi conçue :

CIRCULAIRE N° 2.

PARIS, 21 SEPTEMBRE 1861.

MONSIEUR LE PRÉFET,

Par une circulaire en date du 6 Juin 1859, mon prédécesseur, Monsieur le duc de Padoue, vous a prescrit les mesures que vous auriez à prendre dans le cas où un événement grave et imprévu amènerait la transmission du Pouvoir au Prince Impérial, sous le nom de Napoléon IV.

En vous confirmant ces instructions, dont je vous envoie une copie, je crois devoir les compléter par les dispositions suivantes:

Aussitôt après la réception de cette lettre, vous établirez une liste de tous les hommes dangereux, quelles que soient leurs opinions et leur position sociale.

Après avoir étudié avec soin cette liste, vous y désignerez les hommes qui, ayant une valeur quelconque, soit pour la délibération, soit pour l'action, pourraient, à un moment donné, se faire le centre d'une résistance, ou se mettre à la tête d'une insurrection.

Vous formulerez personnellement, et vous signerez des mandats d'arrêt pour chacun des hommes annotés par vous sur votre liste, afin que, au premier ordre qui vous serait donné, leur arrestation soit opérée simultanément et sans perdre une minute.

Vous me donnerez communication de la liste dressée par vous.

Tous les mois, vous réviserez cette liste ainsi que les mandats d'arrêt qui s'y rapportent.

Recevez, Monsieur le Préfet, l'assurance de ma considération très-distinguée.

Le Ministre Secrétaire d'Etat au
département de l'Intérieur,

Signé : **F. de Persigny.**

(Note annexée à la Circulaire n° 2).

1° Les listes comprendront tous les hommes dangereux, *Républicains, Orléanistes, Légitimistes*, par catégories d'opinions.

2° Elles seront tenues exactement à jour, au fur et à mesure que quelque fait nouveau parviendrait à la connaissance du Préfet. Les personnes inscrites sur ces listes devront du reste, être l'objet d'une certaine surveillance.

3° Les formules de mandat seront imprimées à Paris et remises à Messieurs les Préfets qui n'auront qu'à les remplir de leur main et à les signer.

4° Les Préfets conserveront ces mandats par devers eux, en les divisant par circonscription de commissaires de police.

5° Les Préfets, dans leurs réunions, détermineront le mode qui sera employé pour faire opérer, sans perte de temps, les arrestations dans les divers arrondissements.

6° Prévoir, pour chaque département, les lieux où seraient transférées les personnes arrêtées.

7° Conduite à tenir vis-à-vis de l'autorité militaire; bons rapports à établir de suite et toujours.

8° Bien connaître les fonctionnaires dont on est entouré, afin de préjuger de leur attitude dans le cas d'un événement grave.

9° Manière de se concerter avec les hauts fonctionnaires avant de révéler au public l'événement dont il est question.

3

10° Enfin, délibérer sur les mesures à prendre à l'égard des imprimeries et journaux, et la manière de convoquer les fonctionnaires pour leur faire prêter serment à l'Héritier du Trône.

11° Chaque Préfet qui s'absente doit, avant son départ, donner à l'homme revêtu de sa confiance, et qui devrait le remplacer, l'ensemble des instructions sous pli cacheté, avec autorisation de les ouvrir, et ordre de les faire exécuter dans le cas prévu par ma circulaire de ce jour.

Voici le texte de ces mandats :

Nous préfet d————

En vertu de l'article 10 du code d'instruction criminelle :

Mandons et ordonnons à tous agents de la force publique d'amener à la préfecture d———— en se conformant à la loi, le———— né———— pour être entendu sur les inculpations dont il est l'objet.

Requérons le commissaire de police d———— ou autres, en cas d'empêchement, de faire exacte perquisition chez l———— à l'effet d'y rechercher et saisir tous papiers, écrits, imprimés, correspondance, d'une nature suspecte, armes, munitions de guerre, et généralement tous objets susceptibles d'examen ; lesquels seront déposés à la préfecture d———— avec le procès-verbal qu'il en aura dressé et le présent mandat :

Requérons tout dépositaire de la force publique de prêter main forte à son exécution.

Fait à———— en notre Hôtel,

le————

Le Préfet d————

(Note B, annexée à la Circulaire n° 2).

CONFIDENCE A FAIRE AU MINISTRE.

1° Sur le refus de concours de la part des fonctionnaires dans les élections, sur les opinions et sur l'attitude de ces fonctionnaires, procureurs généraux, recteurs, receveurs généraux, ingénieurs des ponts-et-chaussées;

2° Sur les concessions faites aux influences hostiles dans les nominations des fonctionnaires des diverses administrations ;

3° Sur les nominations à Paris dans les diverses administrations ;

4° Le Ministre recevra ces confidences des préfets, sous la forme d'une simple note, sans indication d'origine et sans signature, précaution pour éviter que la responsabilité des préfets soit compromise.

Que penser?.... Que dire?.... Que faire, en présence de tant et d'aussi monstrueux abus ?....

En vérité on est tenté de ne répondre que par des larmes....

Non, se borner à des larmes ce serait de la lâcheté, et la grande âme du Révérend Père Marchal ne nous le pardonnerait pas. Non, sans doute, mais d'après d'aussi vils procédés et d'aussi rudes coups, il est impossible de ne pas se recueillir au moins quelques instants pour reprendre son haleine... et se concerter avec les siens...

Nous rencontrerons, je le répète, des fous, des vendus, des traîtres et des brouillons plus ou moins intéressés qui tenteront de nous tromper et de nous désunir, mais le public jugera entre leurs sottises, leurs fourberies et la vérité que nous ne cesserons de mettre sous ses yeux.

Cela dit, lecteurs, je vous demande de revenir à la circulaire qui m'a inspiré ces réflexions, et en même temps de bien vouloir suppléer aux termes qui me manquent pour peindre l'horreur et le dégoût que me suggèrent et que doit inspirer à toute personne honnête, les auteurs et les approbateurs de cette infernale pièce... à conviction.

Est-ce que sans cette découverte, est-ce que sans cette abominable circulaire et les mesures inquisitoriales et infâmes qu'elle prescrit, il nous serait jamais venu à la pensée que des êtres qui ont la forme humaine, qui pensent, qui écrivent, qui se disent civilisés, qui parlent de la morale et de Dieu ! eussent pû se croire dispensés d'être justes... et guetter leur proie à l'instar du tigre pour la dévorer ?.....

Est-ce que ceux qui, le 2 Décembre 1851, firent, au beau milieu de la nuit arrêter dans leurs lits et conduire en prison (parce qu'ils ne voulaient pas admettre leurs principes), nos plus honnêtes et plus respectables compatriotes, étaient dignes de votre confiance ?.....

Est-ce qu'en votre âme et conscience ceux qui, enhardis par l'excès des crimes qu'ils avaient réussi à commettre, ont conçu l'ignoble projet qui vient de vous être soumis, ne sont pas aussi coupables que les Cartouche et les Mandrin dont vous avez souvent entendu parler ?.....

Est-ce qu'avec une intention également malveillante les auteurs de tous ces crimes n'ont pas fait infiniment plus de mal que ces derniers, enfin ?.....

Méditez et jugez, lecteurs…. Non, suspendez votre jugement et lisez encore, vous jugerez ensuite ; oui, lisez les lignes qui vont suivre ; elles sont du Capitaine Huard, homme consciencieux et tolérant. Ce n'est qu'au moment de mettre le présent ouvrage sous presse qu'elles me sont tombées sous la main ; et c'est pour me conformer au désir de leur auteur qui en demande la plus grande publicité que je les reproduis.

Patience, lecteurs, je dois encore vous faire observer que c'est la circulaire qui vient de vous être présentée, qui a donné au brave Capitaine Huard l'occasion de si bien nous éclairer sur le détail et les particularités des faits relatifs au jugement qu'il nous importe à tous de porter sur *la moralité de l'Empire*; et enfin que c'est sous ce titre : *La moralité de l'Empire*, et en ces termes, qu'il en a recommandé la publication :

» On demeure saisi d'épouvante en présence d'un aussi monstrueux document ; et on se demande ce que cette pauvre France avait fait à Dieu pour qu'il lui infligeât de pareilles horreurs !

» Subir les dernières scélératesses de sauvages ennemis, qui n'ont que le massacre et le pillage en vue, c'est déjà une calamité assez poignante, assez malheureuse pour notre pauvre et désolée Patrie ; mais songer que nous avons échappé à un cataclysme presque aussi épouvantable de la part d'hommes pervers entre les mains desquels le sort de la France était remis : c'est affreux et horrible de voir un aussi monstrueux abus d'autorité.

Et en présence de qui de pareilles scélératesses s'ourdissaient-elles ? En présence et à la face de ce que l'on voulait bien appeler sous l'Empire :

— LES GRANDS POUVOIRS DE L'ÉTAT. —

» Oui, Sénateurs, au nombre de cent soixante-dix ; conseillers d'État, au nombre d'au moins cinquante; vous étiez, avec les députés choisis, imposés par les préfets et le Pouvoir exécutif appelé Empereur, vous étiez *les grands Pouvoirs de l'Etat*, vous aviez des devoirs à remplir ; la France vous payait assez cher pour que vous ayez quelque souci de ses intérêts, de sa dignité et de sa sûreté. Comment les avez-vous remplis vos devoirs ? Vous, Sénateurs, à la tête desquels figuraient Messieurs les Archevêques, Cardinaux, vous aviez pour mission de *garder le Pacte social et nos Libertés publiques.* Hélas ! Ce n'était difficile ni fatigant à faire, et vous touchiez pour si peu de besogne : *Trente mille francs par an.* Que faisiez-vous pour mériter un aussi gros traitement ? Rien, absolument rien.

» Pour envoyer une aussi audacieuse circulaire que celle qui a été envoyée le 21 Septembre 1861, par Monsieur de Persigny, alors Ministre de l'Intérieur, *aux Préfets de tous les Départements*, il a fallu que le Pouvoir exécutif, que vous étiez chargés de surveiller, comptât sur votre lâche silence, ou sur votre criminelle adhésion.

» Vous trahissiez la France à raison de trente mille francs par an, en manquant aussi sciemment à vos devoirs.

» Il n'est pas possible que sur cent soixante-dix Sénateurs salariés par l'Etat il ne s'en soit pas trouvé au moins la moitié qui ait eu connaissance des machinations du scélérat de Persigny ; et pourtant vous n'avez rien dit, messieurs les Sénateurs.

» Donc, vous adhériez, vous donniez la main au drame épouvantable préparé par ce nouveau Catilina, par cet imitateur de Sylla.

» Et vous, messieurs les Conseilliers d'Etat à vingt-cinq mille francs de traitement par an ; rien, d'après la constitution de votre Maître, ne devait paraître, *en fait de lois et de réglements d'Administrations publiques*, qui ne sortît de votre main.

» La circulaire Persigny a-t-elle été élaborée, discutée, votée par le Conseil d'Etat !

A-t-elle pu être envoyée aux quatre-vingt-huit préfets de l'Empire à votre insu ?

Nous vous sommons de répondre.

Et si vous ne répondez pas, nous vous y forcerons, ou votre silence sera votre condamnation.

Pour avoir la criminelle audace d'envoyer une aussi sanguinaire proscription, il fallait être (tout le monde en conviendra), un profond scélérat.

Mais le misérable qui lançait ainsi un atroce document ayant pour but de préparer les préfets à des actes de brigandage, d'arrestations violentes, de séquestrations, de proscriptions, de désolations et de ruines, comptait donc d'avance sur leur sanglante coopération ? Cette pièce, du plus audacieux, du plus pernicieux agent de l'infâme Gouvernement qui a fait descendre si bas notre malheureux pays, est le véritable type de cette inqualifiable administration Impériale, et il est bon, il est nécessaire que tous les journaux indépendants la reproduisent au grand jour.

Jamais un scélérat, quel qu'il soit, n'a forgé la ruine et la désolation de son pays comme cet effronté coquin. Cette fois-ci, ce n'était plus comme au coup d'Etat du 2 Décembre, trente-huit mille arrestations et déportations que l'on aurait opérées. Non, c'était par centaines de mille que ce misérable parvenu, sorti d'on ne sait où, faisait gémir les familles ruinées et désolées par lui et ses agents.

Honnêtes Légitimistes, consciencieux Orléanistes, laborieux Républicains, vous voyez à quels dangers vous avez été exposés…. Vous avez la preuve du respect de cet abominable régime Impérial, pour la propriété et pour la sûreté de vos personnes.

Ceux qui n'étaient pas vendus à cet odieux Gouvernement étaient dignes de tous les supplices. Eh bien ! qu'avez-vous à faire en présence de faits aussi horribles, aussi exécrables ? Vous rallier sincèrement à la République ; travailler avec nous à chasser l'ennemi de notre pays ; faire courageusement votre possible pour cela ; et laisser ces forbans Impérialistes manger les millions qu'ils ont empochés en servant leur Maître ; ils se pavaneront devant nous avec leur croix de la Légion d'Honneur; ils insulteront à notre loyauté; nous, nous ne les ferons pas arrêter, nous les laisserons jouir du fruit de leurs rapines ; sans les proscrire ni les spolier. Ce que nous leurs demandons, c'est qu'ils cessent leurs actives et dangereuses manœuvres dans les campagnes, où ils nous trouveront sur la défensive.

Enfin, nous demandons formellement que les Préfets qui ont reçu cette criminelle circulaire soient connus; il faut que leurs noms soient mis au *Moniteur;* il faut que l'on connaisse ceux qui ont accepté et ceux qui ont refusé ce rôle infâme d'agents violateurs de toutes les lois.

Coutances, 13 Décembre 1870.

Le Capitaine HUARD.

Les justes récriminations que l'on vient de lire démontrent amplement la gravité des abus de l'Empire ; et, après elles, on pourrait, comme on dit vulgairement, tirer l'échelle ; néanmoins, je demande aux lecteurs la permission, non pas de leur faire une démonstration complète de l'énorme quantité de réclamations qui, en tous genres et de toutes sortes ont, par suite de la circulaire Persigny, surgi par toute la France et dans toutes les Administrations, mais simplement de reproduire une plainte. Cette plainte est droite, simple, véridique, et présage un avenir meilleur pour les victimes de cet affreux Gouvernement.

Voilà pourquoi je l'ai choisie entre toutes, c'est-à-dire entre des mille... parvenues à ma connaissance.

Indépendamment de la demande que je viens de faire, et avant d'offrir aux mêmes la susdite reproduction, je les prie de bien vouloir encore me permettre une simple recommandation, qui est la suivante :

Etant bien persuadé qu'un trop grand nombre de personnes n'envisagent et ne jugent les choses, voire même les écrits les plus sérieux, que par leur forme, j'engage celles qui, parmi ce nombre, auraient quelque peu le loisir de lire celui qui va suivre, à ne l'envisager et à ne le juger, au contraire, que d'après son fond. Cet écrit qui fut inséré dans les colonnes du journal *La Digue de Cherbourg*, du 3 Juillet dernier, résume, au sens de tous ceux auxquels j'en ai entendu parler, les vœux émis dans les réclamations et les écrits de la généralité de ceux qui, ouvriers, marins, soldats, employés inférieurs et autres, ont osé, sous le Gouvernement qui vient de s'écrouler avec tant de honte, prendre une plume ou élever la voix avec fermeté contre l'infâme gaspillage du temps, des hommes et des budgets... Voici le commencement et la suite de cet écrit :

Si les intéressés aux questions qui vont suivre ne sont pas d'une autre boue que le commun des mortels, on les prie de bien vouloir y répondre.

Pourquoi les employés les plus anciens et les plus méritants du port de Cherbourg, ne participent-ils pas à l'avancement qui a ordinairement lieu dans ce port ?

Est-ce que la plus triste des organisations, celle de la marine, avait besoin d'être encore aggravée par les protections, les caprices, les petitesses et la malveillance de celui-ci ou de celui-là ?

Est-ce qu'ils ne comprendront jamais, ceux que cette chose regarde, que le sort des malheureux employés dont il vient d'être parlé est déplorable ?.... Est-ce qu'ils ne savent pas enfin que ces bons et loyaux serviteurs ont besoin, aussi bien qu'eux, d'une augmentation de solde, afin de voir changer leur pénible situation ?... Oui, elle est pénible, et même très-pénible leur situation, que dis-je ! elle l'est non-seulement au point de vue pécuniaire, mais encore au point de vue de l'amour-propre... Et, en effet, l'homme qui est entré dans une carrière quelconque est instinctivement poussé vers les divers degrés d'avancement et de bien-être que sa position lui offre. Et, d'abord, l'avancement est un droit qui, à mérite égal, appartient aux uns comme aux autres, au fils du savetier, du tailleur ou du laboureur, comme à celui du propriétaire et du rentier, à celui du pauvre comme à celui du riche. Ceux donc qui, par les raisons précitées, s'opposent à cette marche légitime des choses, sont coupables et méritent une sévère punition...

Si ceux auxquels ces interpellations sont adressées ne comprennnent pas ces vérités, ils n'ont qu'à se mettre pour un instant à la place des hommes aptes et laborieux dont il s'agit, alors ils les comprendront, et si, par incroyable, ils refusent de les comprendre, d'autres les comprendront pour eux... et finiront, il n'y a pas le moindre doute, par rendre à ces braves agents la justice qui leur est due.

« Je trouve pitoyable la tendance à supprimer les gros traitements. » (A dit le Marquis de Piré dans la séance du Corps Législatif, du 13 Juin 1870). Et moi, et je ne suis pas le seul, je trouve pitoyable et inhumain qu'on ne les réduise pas tous... les uns de moitié, et les autres des trois quarts au moins : pour augmenter les petits.... c'est-à-dire les traitements de tous les serviteurs de l'Etat, qui n'ont le nécessaire, ni pour eux, ni pour leurs familles ; il y en a des milliers en France !!! Comme de même, il y en a un grand nombre de ceux cités plus haut qui sont honteux des biens qu'on leur accorde, et qui ne savent qu'en faire...

Ah ! ils seraient bien aveugles ceux qui ne verraient pas que sans une répartition plus équitable des places et des fonds publics, la discorde, la misère et les crimes seront en permanence dans les sociétés.

Espérons que les habitants des campagnes comprendront ces vices et ces dangers, et qu'il suffira de les leur mettre sous les yeux pour qu'ils reviennent de l'erreur accréditée dans laquelle un trop grand nombre d'entre eux semble se trouver et se complaire... Non, quand ils auront compris ces choses, les habitants des campagnes, et surtout quand ils réfléchiront que les soldats qui sont les premiers défenseurs de l'Etat n'ont pas, en moyenne, 10 centimes de traitement par jour... et que d'autres ont des centaines, et même des milliers de francs !!!! et qu'ils payent, aux propriétaires et autres, une grande partie de tout cela, ils n'en voudront plus aux habitants des villes, et particulièrement aux ouvriers et aux petits employés de n'être pas de leur avis... Espérons enfin, que les soldats reconnaîtront également ces vérités grandes, et que malgré toute influence contraire, dans les votes, comme partout ailleurs, ils n'hésiteront plus, ni les uns, ni les autres, à se ranger du côté de la justice...

Il est présumable que très-peu en voudront au Marquis de Piré, d'avoir réclamé de gros traitements pour assurer « l'Indépendance, » du groupe aristocratique, autrement dit des hommes haut placés, mais si, au lieu de cela il eût réclamé pour l'augmentation de ceux qui, en étant moins haut placés, rendent des services non moins grands à l'Etat ; on ne pourrait que lui en être reconnaissant ; oui, mais... oh ! malheur... il paraît que ce n'est ni son habitude, ni celle de la plupart des autres Nobles : ils se soutiennent et se défendent entre eux et voilà tout... C'est bien fait ! et pour eux, et pour tous ceux qui sont susceptibles de devenir Nobles (il n'y a pas peu d'aspirants), mais, qui empêcherait les hommes de la démocratie d'en faire autant de leur côté ?... Quant à moi, je ne vois rien qui s'y oppose, et vous, hommes du peuple ? Ni vous non plus, n'est-ce pas ? A l'œuvre donc ! Oui, à l'œuvre, mais auparavant, mais avant tout, remercions le Marquis de Piré, et tous ceux dont il vient d'être parlé avant lui, de nous avoir, non à dessein, nous devons le croire, fourni, une si grande occasion de nous comprendre et de nous entendre...

CHERBOURG, TYP. DE BEAUFORT.